PRINCIPES

D'UNE

CONSTITUTION RÉPUBLICAINE

POUR

LA NATION FRANÇAISE.

RÉPUBLIQUE UNIVERSELLE.

PARIS

IMPRIMERIE DE MARC DUCLOUX ET Cᵉ.,

RUE DE L'ÉCOLE-DE-MÉDECINE, 30.

—

1848.

« Je pose en fait que la République la mieux constituée est celle où
« les trois éléments — royal, aristocratique et populaire — sont mêlés
« dans de justes proportions. »

Absorber, s'assimiler toutes les forces vives du siècle; — englober dans sa sphère d'activité tous les intérêts, toutes les opinions, tous les partis; — transformer tous les partis et tous les pouvoirs, en les relevant chacun d'un degré; — procurer à tous les individus la facilité de s'élever, par leur *mérite,* depuis la base jusqu'au sommet de la hiérarchie sociale; — enfin, donner une juste satisfaction à toutes les prétentions *raisonnables,* — pour réduire ses adversaires à une résistance *déraisonnable :* tel est le problème de la République universelle.

PRINCIPES

D'UNE

CONSTITUTION RÉPUBLICAINE

POUR

LA NATION FRANÇAISE.

La nation française est composée de deux parties, diversement désignées sous les noms de :

SOCIÉTÉ	ÉTAT
Administrés	Administrants,
Gouvernés	Gouvernants,
Représentés	Représentants,
CITOYENS	FONCTIONNAIRES.

Ces deux parties, par leur nature et leur destination inséparablement unies, bien que essentiellement distinctes, sont, par le fait et le vice d'anciennes constitutions, forcément séparées, — divisées d'intérêts, de doctrines, de tendances, — en opposition, en lutte, en guerre depuis des siècles.

Les ramener à une union définitive, tout en leur laissant leurs caractères particuliers, — identifier leurs intérêts de façon que chacune, cherchant le sien, réalise par là même celui de l'autre, —faire des deux un seul tout, comme le côté gauche et le côté droit d'un même corps, comme l'instinct et la raison d'une même âme, comme la partie matérielle et la partie morale d'un même homme, d'une même société :

Tel doit être l'objet d'une constitution républicaine.

La nation française est vivifiée et mise en mouvement par

deux forces supérieures, qui déterminent son caractère national :
le Génie de la France et l'Esprit français.

LE GÉNIE DE LA FRANCE :

Génie de la *Liberté*,
— du *Progrès*,
— de la *Réforme*,
— du *Mouvement*.

L'ESPRIT FRANÇAIS :

Esprit d'*Ordre*,
— de *Stabilité*,
— de *Conservation*,
— de *Résistance*.

Cet esprit et ce génie, déployant leurs forces en dehors d'une
constitution normale, abandonnés à leur vivacité respective, sans
lien commun qui les fasse marcher dans la même voie, —

Semblables à deux chevaux indomptés, fougueux, rétifs, qui
tiraillent la nation chacun de son côté, — à gauche, à droite,
en avant, en arrière, en haut, en bas, —

Ont successivement bouleversé la France par des révolutions
toujours plus terribles, et menacent enfin de la précipiter jusqu'au fond de l'abîme.

Sauver la France de l'abîme, des bouleversements et des révolutions, — dompter les chevaux qui la tiraillent en sens con-
traires, — les rattacher au timon pour les faire marcher dans
le même sens, vers le même but, — les contenir et les diriger
par la bride, par les rênes, par l'éperon et par le fouet ; —

En d'autres termes, diriger et contenir vigoureusement le
génie et l'esprit français dans des limites justes et raisonnables,
pour leur faire accomplir de concert les hautes destinées de la
nation :

Tel doit être l'esprit de la constitution républicaine.

La France est une nation généreuse et expansive ; elle n'a pas
seulement besoin de jouir elle-même du bonheur — physique,
intellectuel et moral — à l'intérieur : elle tient à ce que le bonheur soit le partage de tous les peuples dans tous les pays ; elle
veut que tous les peuples jouissent d'abord de leur nationalité,
de leur liberté, de leur prospérité, qu'ils se relient ensuite entre
eux par des alliances volontaires, et qu'enfin de l'alliance de
tous il résulte un accord, une union, une harmonie universelle.

Rendre la France prospère, grande, forte, puissante au dedans, — lui faire exercer une influence légitime et bienfaisante au dehors; — aider les peuples à conquérir leur nationalité, leur indépendance, leur liberté, — les solliciter à s'allier ensemble en renonçant à tout esprit de conquête; — assurer ainsi la paix, la tranquillité et le bonheur des hommes dans le monde entier; — en un mot, préparer et amener la République universelle:

Tel est le but de la constitution républicaine.

Pour atteindre ces buts et ces objets, l'instinct républicain a résumé toutes les questions à résoudre dans deux questions générales :

Questions sociales

Et questions politiques.

Il a rattaché aux questions sociales celles du travail et des associations, celles de la production, de la distribution et de la consommation des richesses.

Il a rattaché aux questions politiques celles de l'administration, du gouvernement et de la souveraineté.

Il a posé comme principe de solution des premières, celle des finances, de la banque nationale, du crédit public, et comme principe de solution des secondes, celle des formes de gouvernement, des pouvoirs publics.

De là, dans la présente constitution, deux genres de questions à examiner, deux grandes parties générales à développer :

1° Constitution du Crédit public;

2° Constitution des Pouvoirs publics.

PREMIÈRE PARTIE.

—

CONSTITUTION DU CRÉDIT PUBLIC.

BANQUE NATIONALE.

Le crédit public a pour objet la circulation des capitaux, et pour but la multiplication des richesses.

Les opérations principales de crédit consistent en prêts et en emprunts faits entre la société et l'état, entre les citoyens et le gouvernement, — moyennant garantie des capitaux et paiement d'intérêts.

Les citoyens qui ont abondance de fonds prêtent à l'état, à un intérêt, par exemple, de trois ou quatre pour cent, — et l'état prête aux citoyens qui manquent de fonds, à un intérêt, par exemple, de quatre ou cinq pour cent.

Ces opérations, ainsi que d'autres semblables, se font dans une Banque nationale, qui réunit toutes les institutions de crédit et de finances dans une seule.

La banque nationale est instituée pour venir en aide à l'industrie, au commerce, aux capitalistes et à tous les citoyens, en centralisant les capitaux disponibles et en les distribuant sur tous les points du territoire national.

De là, cinq sections de banques particulières :

1º Banques *industrielles*,

2º Banques *commmerciales*.

3º Banques *financières*,

4º Banques *distributives*,

5º Banque *centrale*.

Ces différentes sections de banques sont fondées et entretenues par les citoyens, organisées et dirigées par l'état dans les différentes circonscriptions administratives, — à savoir:

Les banques industrielles, dans les *Cantons*,

Les banques commerciales, dans les *Arrondissements*.

Les banques financières, dans les *Départements,*
Les banques distributives, dans les *Provinces,*
Et la banque centrale, dans la *Capitale.*

BANQUES INDUSTRIELLES

DANS LES CANTONS.

Les banques industrielles, ainsi que les autres sections de banques, se composent essentiellement de deux bureaux : d'un bureau d'emprunt, et d'un bureau de prêt.

Le bureau d'emprunt d'une banque industrielle cantonale est une *Caisse de prévoyance*; et le bureau de prêt, un *Comptoir industriel.*

La caisse de prévoyance reçoit de petits dépôts ou placements d'argent, qui ne dépassent pas une certaine somme, à déterminer par la loi.

Le comptoir industriel prête des fonds :

1° A des propriétaires d'immeubles, sur hypothèques ;

2° A des possesseurs de meubles, sur dépôts ;

3° A toutes classes de travailleurs, associés ou solidaires, sur garanties d'un travail productif déterminé.

BANQUES COMMERCIALES

DANS LES ARRONDISSEMENTS.

Le bureau d'emprunt de la banque commerciale d'un arrondissement est une *Caisse d'assurance,* et le bureau de prêt, un *Comptoir commercial.*

La caisse d'assurance assure toutes sortes de biens meubles et immeubles, sous des conditions à déterminer par la loi.

Le comptoir commercial a pour objet :

1° De prêter des fonds aux commerçants, sur dépôts de marchandises ;

2° D'escompter les papiers de commerce d'une valeur garantie ;

3° D'échanger les papiers de commerce contre des billets de la banque nationale.

BANQUES FINANCIÈRES

DANS LES DÉPARTEMENTS.

Le bureau d'emprunt de la banque financière d'un département est institué sous le nom de *Caisse financière*, et le bureau de prêt sous celui de *Comptoir financier*.

La caisse financière reçoit les placements de capitaux d'une somme considérable, dépassant le maximum de celles qui sont reçues dans les caisses de prévoyance.

Le comptoir financier d'un département prête ou avance des fonds aux banques des arrondissements et des cantons de sa circonscription ; il n'en prête ni n'en avance point aux particuliers.

BANQUES DISTRIBUTIVES

DANS LES PROVINCES.

La banque d'une province a pour objet de distribuer également les capitaux de deux ou de plusieurs départements, en recevant l'abondance de fonds de l'un et suppléant au manque de fonds de l'autre.

BANQUE CENTRALE

DANS LA CAPITALE.

La banque centrale de la capitale a pour objet d'établir l'union, l'unité et la solidarité entre toutes les banques provinciales, départementales, etc.

Outre les deux bureaux d'emprunt et de prêt, il est établi dans chaque banque un troisième bureau, sous le nom de *Bureau central*.

Ce troisième bureau a pour objet :

1° De contrôler les deux premiers bureaux et de les relier entre eux ;

2° De puiser dans un bureau et de verser dans l'autre, suivant les besoins ;

3° De puiser également, suivant les besoins, dans une banque inférieure pour verser dans une banque supérieure, et de puiser dans une banque supérieure pour verser dans une banque inférieure ;

4º Enfin de payer et de recevoir les intérêts pour les prêts et les emprunts de l'état.

Le taux des intérêts à payer et à recevoir par l'état, ainsi que celui des primes d'assurance, sera déterminé par une loi de l'assemblée nationale. Il sera ensuite modifié ou maintenu à différentes époques suivant les besoins de la société et de l'état.

L'ensemble des opérations de la banque nationale, sagement dirigées, produira aisément à l'état un revenu de deux milliards de francs. Ce revenu annuel sera suffisant pour le mettre en mesure : 1º de fournir aux dépenses de son budget; 2º de dégrever la société de l'impôt.

L'état toutefois maintiendra son droit de lever l'impôt, pour en user en cas de nécessité : ce sera là une des garanties à offrir aux capitalistes créanciers de l'état.

Au moyen de la banque nationale ainsi constituée, les citoyens trouveront assez de fonds, autour d'eux et sans se déplacer, pour faire prendre un nouvel essor aux travaux sociaux et faire refleurir l'industrie et le commerce plus qu'à aucune époque du passé.

Il en arrivera que les producteurs et les commerçants, les ouvriers et les maîtres, — stimulés d'ailleurs par le devoir de travailler pour avoir le droit de vivre, — formeront entre eux une multitude de sociétés particulières basées sur l'association du capital et du travail.

Les associations qui pourront être formées sur cette base, sont de trois espèces :

> Asssciations *ouvrières,*
> Associations *bourgeoises,*
> Associations *mixtes.*

Dans les associations ouvrières, les capitaux seront fournis par les ouvriers; les ouvriers fixeront les conditions du travail, et choisiront leurs maîtres.

Dans les associations bourgeoises, les capitaux seront fournis par les maîtres; les maîtres fixeront les conditions du travail, et choisiront leurs ouvriers.

Dans les associations mixtes, les capitaux seront fournis également par les ouvriers et les maîtres ; les conditions du travail seront arrêtées entre eux d'un commun accord, et les fonctions et les grades seront distribués entre tous selon les aptitudes et les mérites de chacun.

Ces trois sortes d'associations sont également bonnes pour accélérer le progrès des affaires, — et de plus, également efficaces pour moraliser les individus et régénérer la société.

Bien qu'elles aient pour condition première d'existence un principe en apparence purement matériel, elles auront pour conséquences nécessaires des résultats essentiellement moraux.

Dans les associations ouvrières, les maîtres seront moralement contraints de se distinguer par leur capacité et leur probité, pour ne pas être abandonnés par les ouvriers.

Dans les associations bourgeoises, les ouvriers seront moralement contraints de se distinguer par leur habileté et leur régurité, pour ne pas être congédiés par les maîtres.

Dans les associations mixtes, maîtres et ouvriers seront également contraints de se distinguer par des qualités intellectuelles et morales, pour maintenir leur rang vis-à-vis des deux autres espèces d'associations.

Dans les trois associations enfin, l'exemple des uns agira vivement sur les autres, et du tout résultera une force morale puissamment régénératrice de la société.

La société ainsi régénérée, ayant acquis d'abord une valeur morale, fera valoir ensuite toutes les ressources de l'intelligence humaine, et s'acquerra comme récompense méritée des richesses matérielles immenses.

Tels seront les fruits de l'institution du crédit public;
Telle sera la solution des questions sociales.
Reste à examiner les questions politiques.

SECONDE PARTIE.

—

CONSTITUTION DES POUVOIRS PUBLICS.

FORMES DE GOUVERNEMENT.

Les pouvoirs publics sont établis pour quatre objets principaux :

1° Pour gérer les intérêts publics ;
2° Pour diriger les opinions publiques ;
3° Pour former les mœurs publiques ;
4° Pour établir l'union et l'unité nationale.

Gérer les intérêts publics, c'est l'affaire propre de l'*Administration*.

Diriger les opinions publiques, c'est l'affaire propre du *Gouvernement*.

Former les mœurs publiques, c'est l'affaire propre du *Souverain*.

Établir l'union et l'unité nationale, c'est l'affaire commune du Souverain, du Gouvernement et de l'Administration.

L'administration gère les intérêts publics au moyen d'une institution démocratique : la *Banque*.

Le gouvernement dirige les opinions publiques au moyen d'une institution aristocratique : l'*Université*.

Le souverain forme les mœurs publiques au moyen d'une institution monarchique : la *Magistrature*.

Le souverain, le gouvernement et l'administration de concert, établissent l'union et l'unité nationale au moyen d'une institution suprême, proprement républicaine, c'est-à-dire tout à la fois démocratique, aristocratique et monarchique : la *Souveraineté nationale*.

De là, trois pouvoirs publics spéciaux, et un quatrième pouvoir général, résumé de tous les autres :

1° Le *Pouvoir administratif*, dirigeant la banque;

2° Le *Pouvoir gouvernemental,* dirigeant l'université;

3° Le *Pouvoir du souverain*, dirigeant la magistrature;

4° La *Souveraineté nationale*, donnant vie, force et mouvement unitaire à toutes les institutions.

POUVOIR ADMINISTRATIF.

ADMINISTRATION. BANQUE.

Le pouvoir administratif est institué pour un seul objet, mais capital :

Gérer les intérêts et la fortune publics.

Il gère la fortune publique au moyen de la Banque, à laquelle se rattachent tous les autres intérêts.

La banque est dirigée par le personnel de l'administration.

Il y a, dans l'organisation administrative, un triple personnel :

> Agences administratives;
> Conseil administratif;
> Autorité administrative.

Les agences administratives gèrent les affaires; — le conseil administratif contrôle et règle la gestion des affaires ; — l'autorité administrative fait gérer les affaires par les agences conformément à la direction et au règlement du conseil.

Les agences administratives sont multiples et variées, suivant la multiplicité et la variété des affaires, — agricoles, industrielles, commerciales, etc.

Le conseil d'administration est un, mais il se compose de deux classes de citoyens : 1° de citoyens non fonctionnaires, devant représenter les intérêts des administrés et de la société ; 2° de citoyens fonctionnaires, devant représenter les intérêts des administrants et de l'état.

L'autorité administrative est une; elle est entre les mains d'un seul : — du chef de la circonscription territoriale.

Il y a une administration ainsi organisée dans chaque circon-

scription ; — Commune, Canton, Arrondissement, Département, Province, Capitale. Donc : agence communale, conseil
communal, autorité communale, etc.

Au-dessus de ces administrations particulières, il y a une
administration générale : l'Administration ministérielle.

L'administration ministérielle se compose également d'un
triple personnel :

    Ministres agents, — Sous-secrétaires d'état ;
    Ministres dirigeants, — Secrétaires d'état ;
    Ministres présidents, — Trésoriers de l'état.

Les ministres agents expédient les affaires ; — les ministres
dirigeants dirigent et et contrôlent l'expédition des affaires ; —
les ministres présidents font expédier les affaires conformément
au contrôle et à la direction des ministres dirigeants.

Les ministres présidents, trésoriers de l'état, sont au nombre
de trois :

Un ministre des recettes, président des ministres agents ;

Un ministre des dépenses, président des ministres dirigeants ;

Un ministre de l'équilibre des recettes et des dépenses, président de tout le ministère.

Dans les conseils des ministres, les ministres agents ont voix
consultative , les ministres dirigeants ont voix délibérative , et
en cas d'indécision, les ministres présidents ont voix décisive.

Ministres agents : — Hommes d'affaires, de pratique, ayant
bras et jambes ;

Ministres dirigeants : — Hommes de science, de théorie,
ayant tête et cervelle ;

Ministres présidents : — Hommes d'action , d'exécution ,
ayant nerfs et muscles.

Au-dessus de l'administration ministérielle et des administrations circonscriptionnelles subalternes, est établi un chef
unique : le chef suprême de l'administration, centre et lien d'u-
nion de toutes les autorités administratives.

POUVOIR GOUVERNEMENTAL.

GOUVERNEMENT. UNIVERSITÉ.

Le pouvoir gouvernemental est institué pour deux objets :
Diriger les opinions et l'esprit publics ;
Établir dans le pays un ordre légal.

Le gouvernement dirige les opinions et l'esprit publics en procurant au peuple les moyens de connaître la vérité et les vérités : faits, principes, droits et devoirs.

Ces moyens sont : l'Enseignement, les Écoles, la Presse, les Corporations enseignantes ; — l'*Université.*

Il y a deux modes d'enseignements :

1° Enseignement *oral :* — Exposition scientifique des principes, — de la vérité trouvée ;

2° Enseignement *écrit :* — Discussion contradictoire des opinions, — de la vérité cherchée.

Deux espèces d'écoles :

1° Écoles *privées*, — enseignant des vérités de détail, des systèmes partiels de vérités ;

2° Écoles *publiques*, enseignant des vérités d'ensemble, des systèmes complets de vérités.

Deux genres de presses :

1° Presse *populaire*, — discutant les opinions principalement du point de vue social, et secondairement du point de vue politique ;

2° Presse *gouvernementale*, — discutant les opinions principalement du point de vue politique, et secondairement du point de vue social.

Deux corporations enseignantes :

1° Corporation *libre*, — se fondant sur le présent et appelant l'avenir ; — exposant de préférence des doctrines nouvelles dans des idiomes modernes ; — procédant par voies analytiques, de bas en haut ; enseignant aux hommes leurs devoirs envers eux-mêmes, envers leur famille, envers la patrie, envers les peuples, envers l'humanité, envers Dieu;

2° Corporation *officielle*, se fondant sur le présent et rappelant le passé; — exposant de préférence des doctrines traditionnelles dans des idiomes anciens; — procédant par voies synthétiques, de haut en bas; enseignant aux hommes leurs devoirs envers Dieu, envers l'humanité, envers les peuples, envers la patrie, envers leur famille, envers eux-mêmes.

Les deux corporations enseignantes, appelées à se compléter l'une l'autre, sont réunies dans une seule institution: l'Université.

Au sommet de l'Université, il y a un conseil suprême de l'instruction publique, composé de membres de la corporation libre et de membres de la corporation officielle.

Ce conseil aura pour objet:

1° De maintenir l'union et l'unité des deux corporations, en les faisant concourir au même but: la manifestation de la vérité;

2° De conserver à chacune son caractère particulier et distinctif, en faisant prédominer dans l'une un esprit de liberté et de progrès, et dans l'autre un esprit de stabilité et d'ordre;

3° De faire en sorte, au moyen de rétributions équitables, qu'il n'y ait pas entre les deux une concurrence nuisible pour un intérêt matériel, — qu'il y ait entre elles une émulation honorable pour la recherche et l'exposition de la vérité;

4° De veiller à ce qu'elles tendent continuellement à l'unité de doctrine, expression de l'unité de la vérité, en fondant leur enseignement sur des faits certains, sur des principes évidents, sur des droits et des devoirs incontestables, — en mettant de la clarté dans les idées, de la justesse dans les expressions, de la lucidité dans la parole, de la liaison dans les systèmes, de la netteté dans l'exposition, de l'exactitude dans les méthodes, de la *logique* partout.

Les institutions universitaires sont disséminées dans les circonscriptions administratives, et soumises au contrôle et à l'inspection du gouvernement.

Le gouvernement exerce un droit d'inspection , de contrôle et de surveillance sur toutes les administrations publiques.

Il exerce son droit par le moyen de *Commissaires* spéciaux et permanents , établis dans les circonscriptions.

En particulier, il l'exerce :

Sur les administrations communales, par des commissaires de canton ;

Sur les administrations cantonales , par des commissaires d'arrondissement ;

Sur les administrations d'arrondissement, par des commissaires de département ;

Sur les administrations départementales , par des commissaires de province ;

Sur les administrations provinciales, par un commissaire de la capitale ;

Enfin, sur l'administration de la capitale, par un commissaire général.

Les commissaires sont en correspondances directes avec le gouvernement. Ils transmettent au gouvernement les statistiques du pays, de l'administration, de l'industrie, du commerce, des finances, de la Banque ; — les statistiques des écoles, de la presse, des corporations enseignantes, de l'Université. Le gouvernement communique aux commissaires ses instructions, ses décrets, ses lois ; les commissaires les communiquent aux administrations, et les administrations au pays.

Ainsi, le pays sera gouverné d'après un régime légal ; ainsi, le peuple sera instruit et l'esprit public dirigé : ainsi seront atteints les deux buts du gouvernement et du pouvoir gouvernemental.

(Y a-t-il un chef du gouvernement ? Ce chef est-il la même ou une autre personne que le chef de l'administration ? Si c'est la même personne , comment peut-elle exercer tout à la fois l'action et le contrôle ? Si ce sont deux personnes, comment n'y a-t-il pas entre elles conflit et collision ?)

POUVOIR DU SOUVERAIN.

MAGISTRATURE. — RÈGNE.

Le pouvoir du souverain consiste particulièrement à régner.

Il est institué pour trois objets :

Former les mœurs et la conscience publique :

Établir l'accord et l'union entre l'administration et le gouvernement ;

Ménager des alliances à la nation.

Le souverain forme les mœurs et la conscience publiques par l'exercice de la justice, — en la faisant pratiquer par le peuple et rendre par la magistrature.

Le peuple pratique la justice de trois manières :

1° En distribuant équitablement les charges, les fonctions et les travaux de la société : —*Justice distributive ;*

2° En donnant et recevant des valeurs égales dans les échanges : — *Justice commutative;*

3° En rétribuant convenablement les travaux, les services, les œuvres : — *Justice rétributive.*

Pareillement, la magistrature rend la justice de trois manières :

1° Conformément à la loi naturelle, non écrite : — Justice *morale;*

2° Conformément à la loi positive, écrite: — Justice *légale;*

3° Conformément à la loi positive et à la loi naturelle modifiées l'une par l'autre: — Justice *normale.*

De là, trois ordres de magistratures :

1° Magistrature *populaire*, rendant la justice morale, — au nom du peuple;

2° Magistrature *gouvernementale*, rendant la justice légale, — au nom du gouvernement;

3° Magistrature *souveraine*, rendant la justice normale, — au nom du souverain.

Le souverain maintient l'accord et l'union entre l'administration et le gouvernement, par le moyen de *Procureurs* établis dans les circonscriptions administratives, pour lever les conflits entre les agents de l'administration et ceux du gouvernement.

Il y a :

Un procureur du souverain dans chaque arrondissement, avec autorité et juridiction sur les commissaires de cantons et les chefs de communes ;

Un procureur du souverain dans chaque département, avec autorité et juridiction sur les commissaires d'arrondissements et les chefs de cantons ;

Un procureur du souverain dans chaque province , avec autorité et juridiction sur les commissaires de départements et les chefs d'arrondissements ;

Un procureur du souverain dans la capitale , avec autorité et juridiction sur les commissaires de provinces et les chefs de départements;

Un procureur du souverain ayant autorité et juridiction sur le commissaire de la capitale et les chefs de provinces;

Enfin, un procureur suprême ayant autorité et juridiction sur le commissaire général et le chef de la capitale.

Outre cette magistrature et au-dessus d'elle, il y a, auprès du souverain, un Conseil suprême de la République.

Ce conseil a les attributions :

1° D'un haut conseil d'administration;

2° D'un haut conseil de gouvernement;

3° D'une haute cour de justice;

4° D'un congrès diplomatique permanent.

Au moyen de ces institutions , le souverain est entouré de lumières suffisantes pour connaître toute justice et toute vérité; il est mis en mesure de régner avec prudence et sagesse ; il règne.

Il règne sur les intérêts;

Il règne sur les intelligences;

Il règne sur les mœurs ;

Il règne sur les citoyens;

Il règne sur l'administration ;

Il règne sur le gouvernement ;

Il règne sur toute la nation.

SOUVERAINETÉ NATIONALE.

Souverain.

La souveraineté nationale est la puissance souveraine, le pouvoir suprême de la nation, —

Tout à la fois produit et principe, effet et cause, résumé et centre de tous les pouvoirs subalternes.

Tous les pouvoirs subalternes agissent et concourent pour former le pouvoir suprême, et le pouvoir suprême agit et se développe pour donner le mouvement aux pouvoirs subalternes.

Semblable aux eaux de la mer, qui montent et se réunissent par le flux, — qui redescendent et se dispersent par le reflux ;

Semblable au sang des corps vivants, qui afflue des veines vers le cœur, et qui reflue du cœur vers les veines ;

Semblable au système des nerfs qui des parties extrêmes agissent sur le centre du cerveau, et du centre du cerveau réagissent sur les parties extrêmes.

La souveraineté nationale est une puissance proprement *républicaine*, universelle, réunissant toutes les formes de gouvernements et de pouvoirs, multipliés les uns par les autres :

1° Pouvoir *démocratique* dans le peuple, — souveraineté de tous : — Souveraineté nationale à sa première puissance ;

2° Pouvoir *aristocratique* dans l'assemblée législative, — souveraineté de quelques-uns : — Souveraineté nationale à sa seconde puissance ;

3° Pouvoir *monarchique* dans le souverain, — souveraineté d'un seul : — Souveraineté nationale à sa troisième puissance.

Trois souverainetés partielles, concourant à former une souveraineté collective *une*.

La formule unitaire de la souveraineté ternaire, c'est la LOI,

— loi de Sinaï, loi de Sion, loi de Dieu, loi du peuple, loi des peuples, — Code de l'humanité.

Il y a :

> La conception, la pensée de la loi ;
> L'expression, la parole de la loi ;
> L'exécution, l'action de la loi.

La conception de la loi est cachée dans le sein du peuple ;
L'expression de la loi sort d'une assemblée législative ;
L'exécution de la loi part du souverain.
Le tout émane de Dieu.

Au peuple, les élections donnant mandat de faire la loi ;
A l'assemblée législative, la votation faisant la loi ;
Au souverain, l'action faisant exécuter la loi.

Les opérations électorales se font dans deux réunions officielles : l'une préparatoire, l'autre définitive.

Les réunions préparatoires arrêtent les listes des électeurs et des éligibles ;

Les réunions définitives publient les listes des candidats élus.

Dans les réunions préparatoires, les électeurs et les éligibles se classent librement, chacun suivant son âge et sa convenance, dans trois catégories :

1° Ceux qui veulent représenter de préférence les intérêts matériels, les opinions socialistes, l'âge mobile, la jeunesse de la nation, — en un mot, le Peuple ;

2° Ceux qui veulent représenter de préférence les intérêts intellectuels, les principes politiques, l'âge viril, la virilité de la nation, — en un mot, le Gouvernement ;

3° Ceux qui veulent représenter de préférence les intérêts moraux, les pouvoirs constitués, l'âge mûr, la maturité de la nation, — en un mot, le Souverain.

Chaque candidat à l'élection, rangé dans une de ces trois catégories, fait porter son nom à sa réunion respective par un électeur. Si sa candidature est appuyée, elle est acceptée ; si elle n'est pas appuyée, elle est rejetée.

Les listes des candidatures acceptées, ainsi que celles des différentes catégories d'électeurs, sont publiées pour servir de direction dans les réunions définitives.

Dans les réunions définitives,

Les électeurs de la première catégorie nomment quatre cents candidats *représentants du* PEUPLE, — pour trois ans;

Les électeurs de la seconde catégorie nomment deux cents candidats *représentants du* GOUVERNEMENT, — pour six ans;

Et les électeurs de la troisième catégorie nomment cent candidats *représentants du* SOUVERAIN, — pour neuf ans.

Représentants du Peuple	
Représentants du Gouvernement	REPRÉSENTATION NATIONALE.
Représentants du Souverain	

Représentants du peuple : —	DÉPUTÉS. — 25 ans.
Représentants du gouvernement : —	PAIRS. — 33 ans.
Représentants du souverain : —	SÉNATEURS. — 40 ans.

Députés, Pairs, Sénateurs : — Assemblée nationale, Corps législatif, Parlement. — *Parlement!* leur pouvoir et leur force étant dans la parole.

Dans la salle parlementaire, les Députés se placent à *gauche*, les Pairs à *droite*, les Sénateurs au *centre* dominant et rejoignant la droite et la gauche.

Sur les différentes faces de la salle sont peintes des figures, des emblèmes, des allégories, qui rappellent au corps législatif l'objet de sa mission, ses devoirs envers la nation.

Face *gauche :* — Emblèmes de l'Industrie, du Commerce, des Finances, — Liberté, Progrès, Réforme, — Droits et Devoirs du Peuple, Droits nouveaux à acquérir. — *Bleu.*

Face *droite :* — Emblèmes des Sciences, des Arts, des Lettres, — Ordre, Stabilité, Conservation, — Droits et Devoirs du Gouvernement, Droits anciens acquis. — *Blanc.*

Face du *centre :* — Emblèmes de l'Accord, de l'Union, de l'Harmonie, — Justice, Équité, Équilibre, — Morale, Politique, Religion. — *Rouge.*

Voûte, ciel de la salle : — Insignes du Souverain, emblèmes de la Loi. — Drapeau *tricolore*.

Les projets de loi sont examinés et discutés sous un triple point de vue :

1° Point de vue social, populaire;

2° Point de vue politique, gouvernemental;

3° Point de vue national, à la fois gouvernemental et populaire.

L'institution de la banque nationale est-elle utile aux citoyens? Question sociale. — *Est-elle utile à l'état?* Question politique. — *Est-elle également utile à l'état et aux citoyens?* Question nationale.

Faut-il une corporation enseignante libre? Question populaire. — *Faut-il une corporation enseignante officielle?* Question gouvernementale. — *Faut-il réunir les deux corporations dans une seule Université?* Question nationale.

Faut-il une magistrature populaire, qui rende une justice morale? Question populaire, sociale. — *Faut-il une magistrature gouvernementale, qui rende une justice légale?* Question gouvernementale, politique.—*Faut-il une magistrature souveraine, qui rende une justice normale?* Question nationale.

Les questions sociales sont examinées spécialement par les Députés, les questions politiques par les Pairs, les questions nationales par les Sénateurs.

Une première discussion se fait dans les bureaux pour éclairer les questions; une seconde, dans la salle parlementaire pour les résoudre.

Les bureaux sont formés par les Députés; les Pairs y envoient des secrétaires, et les Sénateurs des présidents.

Eclairées et résolues par les discussions communes de tous, les questions législatives sont décidées et terminées par la votation.

Vote des Députés : — Expression du bon sens naturel et pratique de la nation. — Opinions mobiles , comme les flots de la mer.

Vote des Pairs : — Expression de la raison cultivée et théorique de la nation. — Principes fixes, comme la terme ferme.

Vote des Sénateurs : — Expression de la conscience morale et religieuse de la nation. — Volonté accommodante, ferme et mobile comme un navire.

Les Députés votent d'un côté, les Pairs d'un autre : de part et d'autre une voix collective.

Les deux voix d'accord entre elles — accord du bon sens et de la raison — emportent la conscience, et décident l'adoption ou le rejet d'une proposition.

Les deux voix partagées appellent l'intervention de la troisième voix : la voix des Sénateurs.

Les Sénateurs provoquent une nouvelle délibération, et après une nouvelle votation douteuse, ils ont voix prépondérante. — Entre le bon sens naturel et la raison cultivée en conflit, c'est la conscience morale qui décide.

Question décidée, loi votée : — Loi de la nation, loi de Dieu, loi obligatoire, inviolable.

Les dispositions des lois particulières sont déduites d'une seule loi générale, inspiratrice de toute la législation : la loi de la Fraternité, de la Solidarité, de l'Association.

Deux formules de cette loi :
Formule négative, philosophique : « Ne fais pas aux autres « ce que tu ne voudrais pas qu'ils te fissent ; »
Formule positive, évangélique : « Fais aux autres ce que tu « voudrais qu'ils te fissent. »
Ne fais pas aux autres ce que tu ne voudrais pas qu'ils te fissent : — Ne les ruine pas, ne les déshonore pas, ne les induis pas en erreur, ne les engage pas dans le vice.

Citoyen, n'attente pas contre l'ordre public : fonctionnaire, n'entrave pas la liberté privée.

Sujet, ne te révolte pas contre ton souverain : souverain, n'opprime pas tes sujets.

Fais aux autres ce que tu voudrais qu'ils te fissent : — Soulage-les dans leurs maux, chasse les ténèbres de leur intelligence, amène-les au bien.

Citoyen, contribue à la prospérité de l'état : fonctionnaire, fais refluer les biens de l'état sur les citoyens.

Sujet, fais la gloire et le bonheur du souverain : souverain, fais le bonheur et la gloire des sujets.

C'est en déduisant et formulant des conséquences de ce genre que le corps législatif confectionnera les Codes de la Banque, de l'Université, de la Magistratere, — développements et interprétation de la loi de la fraternité.

La loi de la fraternité est tout à la fois naturelle et humaine, surnaturelle et divine.

Naturelle et humaine, elle a un sens déterminé, une portée limitée : l'interprétation en appartient au corps législatif;

Surnaturelle et divine, elle a un sens illimité, une portée infinie : l'interprétation en appartient au souverain.

Le Souverain est placé entre la loi humaine et la loi divine, appuyé par l'une et soutenu par l'autre.

Appuyé par la loi humaine, il est comme un globe fixé sur la pointe d'une pyramide;

Soutenu par la loi divine, il est comme un anneau attaché à la voûte du ciel.

Elevé, par sa dignité et sa majesté, entre le ciel et la terre, il a mission de ramener les hommes à Dieu.

Grand Souverain, grand Pontife, il ramène les hommes à Dieu, en leur faisant observer la loi.

La loi commande, le Souverain ordonne : tous leur doivent soumission, respect, obéissance.

Administration, gouvernement, peuple, citoyens, fonctionnaires, pauvres, riches, grands, petits, — tous sont sujets de la loi, tous sont sujets du Souverain.

Investi de la puissance souveraine pour faire agir la loi, entouré de toutes les forces publiques pour la faire respecter, le Souverain parle, et la nation tout entière se meut, s'agite, observe sa parole, exécute la loi.

De par la loi le Souverain règne, gouverne et administre : à lui le pouvoir suprême, de lui les pouvoirs subalternes, de par la loi.

De par la loi et par sa volonté, le Souverain règne lui seul, premier ; — il gouverne par un autre, second ; — il administre par un autre, troisième.

Troisième : — Président ;

Second : — Régent ;

Premier : — Souverain.

Président : — Grand administrateur ;

Régent : — Grand gouverneur ;

Souverain : — Grand empereur ;

Grand empereur, le Souverain règne ; il ne gouverne pas, il n'administre pas.

Il ne gouverne pas : il fait gouverner ;

Il n'administre pas : il fait administrer ;

Il fait administrer et gouverner : c'est là régner.

Le Président administre ; il organise l'administration et la banque. Appelant autour de lui, par la voie des élections, les notabilités industrielles, commerciales, financières, il constitue dans son domaine un ordre démocratique : la démocratie de la fortune. — Politique des intérêts ; règne de la *Force*.

Le Régent gouverne ; il organise le gouvernement et l'université. Appelant autour de lui, par la voie des élections et des concours, les capacités scientifiques, artistiques, littéraires, il constitue dans son domaine un ordre aristocratique : l'aristocratie du talent. — Politique des principes ; règne de la *Vérité*.

Le Souverain règne ; il organise le pouvoir souverain et la magistrature. Appelant autour de lui, par la voie des élections, des concours et des nominations d'en haut, les hommes distingués par leur probité, leur patriotisme, leur humanité, il constitue dans son domaine un ordre monarchique : la monarchie de la vertu. — Politique modératrice ; règne de la *Justice.*

La Justice règnera sur la vérité, la Vérité règnera sur la force : la force et la vérité serviront la Justice.

JUSTICE, VÉRITÉ, FORCE !

Faire régner souverainement ces trois, en mettant tous les hommes à leur place : telle sera la mission du Souverain, telle sera la gloire de son empire.

Après qu'il aura établi l'empire au dedans, le Souverain s'occupera de l'étendre au dehors.

Il déléguera ses pouvoirs à l'intérieur au Régent, et gardera sa liberté d'action pour faire de la propagande républicaine.

Par le moyen d'un congrès universel d'intelligences supérieures, il s'efforcera de persuader aux peuples :

1º De se constituer en nationalités libres et indépendantes, — suivant leurs territoires, leurs races, leurs langues, leurs mœurs, et surtout suivant leurs volontés librement et catégoriquement déclarées ;

2º De garder ou de prendre telle forme de gouvernement qui leur conviendra, — soit démocratique, soit aristocratique, soit monarchique, soit constitutionnelle, soit enfin républicaine, réunissant et combinant toutes les formes de gouvernement ;

3º De se relier entre eux d'abord par plusieurs alliances particulières, puis par quelques alliances générales, enfin par une seule alliance universelle, républicaine, —

RÉPUBLIQUE UNIVERSELLE.

Union, Paix, Bonheur.

1. Cette figure présente une image emblématique de la Constitution française dans la variété de ses parties, dans l'unité de son tout, dans l'union et la solidarité de son tout et de ses parties.

2. Il y a là six cercles excentriques, tournant autour de leurs propres centres : ce sont les six circonscriptions de l'Administration.

3. Il y a un septième cercle intermédiaire, traversant et rejoignant les centres des six : c'est le Gouvernement.

4. Il y a un centre commun de gravitation, reliant entre eux et rattachant à soi les cercles administratifs et le cercle gouvernemental : c'est le Souverain.

5. Le centre commun et les sept cercles ne font qu'un seul tout : c'est le tout de la nation, la Souveraineté nationale.

6. Dans la nation il y a plusieurs corps, plusieurs organes, plusieurs membres : inférieurs, moyens, supérieurs, — citoyens, fonctionnaires, chefs. — Les chefs, ce sont les centres; les Fonctionnaires, ce sont les rayons; les Citoyens, ce sont les circonférences; les Corps entiers, ce sont les cercles.

7. Le cercle saillant du côté gauche, c'est le corps des Députés; le cercle saillant du côté droit, c'est le corps des Pairs ; le cercle d'en haut, c'est le corps des Sénateurs : les trois cercles enclavés l'un dans l'autre, c'est le Corps législatif.

8. Chaque cercle a un champ propre et libre de développement : c'est la Propriété, c'est la Liberté.

9. Une partie de chaque cercle est occupée par tous les autres cercles : c'est la liberté et la propriété de chacun, limitées par la liberté et la propriété de tous.

10. Tous les cercles sont égaux, tout leur est commun : c'est la Communauté, c'est l'Égalité. (Sans égalitarisme, messieurs les Économistes ! sans communisme, messieurs les Individualistes!... Mais aussi, sans égoïsme, messieurs les Égoïstes.)

11. Tous les cercles tiennent à chacun, chacun tient à tous : c'est la Solidarité, c'est la Fraternité.

12. Tous les cercles sont unis, reliés, associés : C'est l'Association, l'association républicaine, universelle.

13. La figure tout entière se compose d'une ligne indivise, formée d'un seul trait de plume : c'est la République universelle, une et indivisible.

14. Cette ligne, par ses significations emblématiques, rappelle à l'esprit une multitude d'idées lumineuses et fécondes, propres à éclairer et à féconder les intelligences républicaines : — Donnez à la figure le nom de *Soleil de la République.*

15. Au centre, elle forme une étoile apparaissant au milieu de nuages — des nuages politiques — comme pour servir de boussole aux peuples, égarés dans la mer des idées républicaines : Donnez à la figure le nom de *Étoile des Peuples.*

16. Par tous ses contours, elle forme une espèce de couronne close, sans fin ni commencement, susceptible d'un développement infini, symbole de l'immensité, de l'éternité, — de la souveraineté : — Donnez à la figure le nom de *Couronne du Souverain.*

17. Le Souverain, à son tour, donnera cette couronne :

1° Sous une forme simple, à ceux qui auront bien mérité de la patrie ;

2° Sous une forme distinguée, à ceux qui auront bien mérité de la patrie et de ses alliés ;

3° Sous une forme extraordinaire, à ceux qui auront bien mérité de la patrie, de ses alliés et de l'humanité.

18. De l'ensemble de ses sujets couronnés, le Souverain formera, à la gloire de la République, une nouvelle légion d'honneur : la Légion d'honneur du Souverain.

VIVE LE SOUVERAIN DE LA RÉPUBLIQUE !

De tout ce qui précède, ne prenez rien dans un sens absolu : ce n'est pas le dernier mot de la théorie, ce n'est pas le mot de l'énigme du siècle. Ce ne sont ici que des opinions, des idées, des principes, proposés à vos méditations et réflexions. Puisez-y des lumières , ajoutez–y les vôtres. Ce que vous y trouvez de bon , prenez-le, faites-en votre affaire; ce qui vous y semble moins bon, laissez-le, cela fera peut-être l'affaire d'un autre : dans une constitution nationale, il en faut pour tous les citoyens. Y avez-vous trouvé votre place, permettez qu'un autre y trouve la sienne, à côté, au-dessous ou au-dessus de vous : il y a place pour tout le monde au soleil... de la République.

Lisez, méditez, réfléchissez, — modifiez, ajoutez, retranchez, — faites tout ce que vous dictera la raison : c'est de la raison, et de la raison seule, que doit sortir une constitution définitive.

Cependant, gare à la fausse raison! gare aux faux raisonnements! gare aux sophismes!

Gare! gare :
A la mâchoire de Samson!
A la fronde de David!
A la trompette de Josué!
A l'épée de Gédéon!
Au glaive à deux tranchants!
A la lance du grand Michel!

Paris, le 29 septembre 1848.   J. B.

Rue de l'Ecole-de-Médecine, n° 80.

MACHINE RÉPUBLICAINE.

(Réponse à un Représentant.)

I.	— Peuple.	*Cadran.*
II.	— Citoyens.	*Grande aiguille.*
III.	— Fonctionnaires.	*Petite aiguille.*
IV.	— Administration.	*Rouage.*
V.	— Gouvernement.	*Mouvement.*
VI.	— Action.	
VII.	— Réaction. }	*Balancier.*
VIII.	— Souverain.	*Ressort.*
IX.	— Souveraineté nationale. .	*Ressort monté.*
X.	— Pensée de la Constitution.	*Boîte.*
XI.	— Parole de la Constitution.	*Verre.*
XII.	— Nation.	*Montre.*

Les heures sont sonnées!!! Remontez les horloges, partout où il s'en trouve. Prenez pour *chaîne* la raison, et pour *clef* la foi. — Salut et Fraternité.

9 782014 066166